I

MUJERES EN BUSCA DE ESPERANZA

Experiencias de Amor y Tristeza

Licda. Angélica Castro

II

© Copyright by Licda. Angélica Castro Díaz

ISBN............... 9798320886527

Todos los derechos reservados.

Licda. Angélica Castro Díaz

Nació en la ciudad de Guatemala, Guatemala en el año de 1,967 trabaja como asistente desde hace 35 años, lo cual le ha permitido compartir y adquirir experiencia en todo lo relacionado a la administración, obtuvo el título de Bachelor Of Administration en Atlantic International Universito en el año 2,012.

Comparte su vida con su familia, continúa laborando, busca tiempo para cumplir sus sueños, escribir, recibe clases de piano y de inglés.

VI

DEDICATORIA

Mi agradecimiento a:

Principalmente a Dios por la Sabiduría para publicar este libro.

A mi familia y amistades que han sido un apoyo en este proyecto.

Dedicado a Mujeres que se encuentran en busca de Esperanza, deseo que cada una de las experiencias compartidas de amor y tristeza, las anime y fortalezca, para tomar el camino que las lleve a la felicidad.

Sobre Este Libro

Este libro narra la vida de cinco Mujeres de este siglo, en Busca de Esperanza al iniciar una relación con sus parejas y el deseo de encontrar juntos la felicidad, cada una de ellas viene de familias de diferente estatus social, país, cultura y edades, pero en el camino todo cambia y se convierten en mujeres; con los sentimientos similares, sus experiencias son amor, tristeza y soledad.

Las cinco Mujeres en Busca de Esperanza tienen conflictos con la creencia de que en el matrimonio amor es igual a felicidad, bajo la necesidad de ser amadas y compartir una vida llena de amor, permiten largos periodos de abusos en la relación y comparten las mismas experiencias de amor, tristeza y dolor en compañía de sus parejas.

Ana, Emma, Isabella, Lía y Madeleine son las Mujeres en Busca de Esperanza, ellas entregan la vida por su familia y pareja y día a día van guardando todo el desamor, humillaciones, violencia, golpes y abuso en su corazón, el respeto es nulo en la relación.

Cada una de las historias plasmadas en este libro, de Mujeres en Busca de Esperanza nos hará valorar y poner en la balanza lo bueno y lo malo de la vida, haciéndonos las siguientes preguntas.

¿Estoy haciendo una buena historia de mi vida?

¿Y qué papel ocupan en la historia?

O somos como esas mujeres que no tienen las herramientas necesarias, ni solvencia económica para abandonar y hacer a un lado a la persona que no nos acepta como somos y lo único que queda es aceptar las experiencias de tristeza y soledad.

El ser humano fue hecho a imagen y semejanza de Dios, únicos e irrepetibles todos tenemos la capacidad de elegir el bien y el mal, y de sentir en nuestro interior la paz y felicidad, al buscar una pareja se debería tomar en cuanta una persona con la cual se puedan compartir los sentimientos y sea un complemento.

Mujeres en Busca de Esperanza tiene como propósito hacernos conciencia sobre importancia de buscar ayuda en el momento justo, para evaluar si vale la pena continuar con la relación o abandonarla y brillar en otro lugar donde se pueda iniciar un nuevo camino, sola o acompañada, pero sabiendo que merecen una vida sana para aportar a los demás un ejemplo vivo de que, si se puede, el tener autoestima muy alta a pesar de todos los tropiezos de la vida.

Sin autoestima y valor propio, a cualquier cosa le llamamos amor y le apostamos a todo en nombre de lo que nosotras creemos que es el amor, sin darnos cuenta de que arrastramos a una vida de infelicidad a nuestros hijos.

En nombre de lo que nosotras creemos que es el amor, esa película que hacemos en nuestra cabeza, las creencias de que vamos a un matrimonio, vamos generando ilusiones, vamos plasmando un ideal, la realidad viene cuando tu aprendes a amarte a ti misma, a valorarte y a respetarte, entonces todo a tu alrededor será amor y respeto.

MUJERES EN BUSCA DE ESPERANZA

Experiencias de Amor y Tristeza

Licda. Angélica Castro

XI

XII

Contenido

Capítulo 1

El Precio de Un amor Ciego 3

Capítulo 2

La Mentira 12

Capítulo 3

Mujer de Fe 21

Capítulo 4

Reto de Emma 41

Capítulo 5

CASA-2, NO 3 47

Capítulo 6

Un Amor Con Expectativas 56

El Precio de un amor Ciego.

Lía una joven de 13 años conoce a un joven delgado, ojos encantadores, muy atractivo y poco a poco surge el enamoramiento, era la mayor de cinco hermanas y vivía con sus padres, su noviazgo al principio fue color de rosa, Lía lo miraba a escondidas, cuando se enteraron sus padres, estos pusieron límites y reglas a los dos para continuar con el noviazgo.

Mateo tenía un temperamento fuerte y llegaba a los golpes cuando no estaba de acuerdo con algo, era un joven muy celoso, desesperado y cuando estaba muy molesto se lastimaba así mismo, no maltrataba a Lía, pero si se hacía daño a él mismo, golpeando su cuerpo contra la pared o lo que tuviera enfrente.

Lía ocultaba ese comportamiento a sus padres, Mateo miraba el noviazgo como una relación destinada al matrimonio, mientras ella lo miraba como un noviazgo de juventud; él tenía problemas mentales que en ese momento no fueron vistos así, siempre le decía a Lía cosas de su familia para que ella se fuera alejando y empezará a perder la comunicación con su mamá. Mateo, venía de una familia disfuncional y su madre trabajaba para mantener a sus tres hermanos.

Lía se separó de sus padres cuando cumplió la mayoría de edad, porque la influencia negativa de Mateo en contra de sus suegros rompió la relación de armonía, paz y estabilidad dentro de la familia de Lía; provocando conflictos y diferencias que eventualmente, fracturaron esa relación en su núcleo familiar.

Los padres trataron de hacerle ver a Lía la situación que se le venía, si ella continuaba con ese noviazgo, pero ella cegada por el amor tomó la decisión de dejar la casa de sus padres.

Mateo le ofrecía el cielo y la tierra, Lía se sentía muy enamorada, se dejó envolver con toda la ilusión y el enamoramiento que ella sentía por Mateo, por eso se dice que el amor es ciego, porque a pesar de ver la violencia y la agresividad de Mateo con otras personas, tomó la decisión de irse a vivir a la casa de la familia de Mateo, quienes empezaron a maltratarla emocionalmente; dejó de ser ella, para ser lo que él quería, dejó sus sueños por complacer al amor de su vida, dejó amigos y se alejó totalmente de su familia.

Mateo con su actitud prepotente la anulaba haciéndola sentir que no valía nada. Lía empieza a poner máscaras para que nadie se enterará de lo que estaba pasando, perdiendo su esencia, perdiendo su identidad, su autoestima, en una frase perdiéndose ella misma.

Durante su embarazo, una de las hermanas, fue ayudarla y se dio cuenta de todos los problemas que vivían en esa casa, con el pasar del tiempo Mateo trató de abusar de la hermana de Lía, pero ella cegada por la situación no le cree, al contario siempre lo protegía y le creía a él y a pesar de todo defiende a Mateo.

La violencia comienza a crecer a este punto de la relación, cuando Lía estando embarazada y aun así ella no veía el peligro que corría en esa casa aguantando el maltrato y humillaciones y bajo ese ambiente nació su hijo; llegando al extremo que Mateo ya no tolera a su propia familia y deja de verlos.

Lo malo de esto es que Lía también se volvió agresiva provocando a su propio hijo un patrón que se repite en muchos hogares, este patrón podría simplificarse en "soy agredida y soy agresora"; Lía no solo vivía esto, también era violada por Mateo y en su mente ella creía que las cosas eran así, que esa era la función de una esposa, cumplir todos los deseos y caprichos de él.

A la fecha no entiende cómo llegó aceptar tanta violencia, maltrato verbal, físico, y no darse cuenta del daño que le hacía a su hijo, al extremo que su hijo presenciara varias veces como Mateo intentaba quitarse la vida, su hijo presenció reuniones que ellos hacían en su casa donde habían bebidas alcohólicas y al retirarse los invitados Lía era agredida físicamente y a puerta cerrada era violada constantemente; la manipulaba tanto con que se iba a suicidar que llegó al colmo de colgar una soga, Lía entró en un estado de crisis creando ataques de ansiedad.

Para todas las personas que los conocían ellos eran la familia perfecta, un hogar envidiable, nadie sabía el infierno que se vivía detrás de las puertas de esa casa y el abuso que sufría Lía.

Ella dice que aceptó esa vida por miedo; a enfrentarse sola por la edad, por la economía porque no se sentía una mujer preparada para un trabajo y eso la hace aún entrar en un estado de desolación, visitó a un profesional y este le empezó a recetar medicamentos para trastorno bipolar y esquizofrenia.

Mientras tanto Mateo era infiel, el negaba cualquier sospecha y la trataba de loca, mintiéndole una y otra vez, que no era cierto lo que ella pensaba, ya habían pasado veinte años de convivencia en una relación abusiva agresiva y manipuladora, su hijo la ayuda a salir de esta situación.

Empezó a cambiar con Mateo ya que su alcoholismo iba en aumento al punto que combinaba medicamento con licor, pero eso si al salir a la calle él era otra persona totalmente distinta, un hombre responsable y admirado por ser un buen marido y padre.

Seguía con sus juegos de manipulación de que se iba a matar, Lía ya no le hacía caso, lo ignoraba y esto lo enfureció e intentó matarla.

Ella aceptó continuar viviendo con él porque sus padres ya habían muerto, su hijo ya había crecido y ya no se sentía con fuerzas para luchar, sin embargo, había algo dentro de ella que le gritaba que tenía que salir de ese ámbito de violencia, comenzó a juntar un poco de dinero, empezó hacer manualidades y hacer clientes. El en un arranque de ira le destruye todo lo que ella con bastante sacrificio había hecho.

Lía muy enojada y dolida lo amenaza y allí si tomó la decisión de irse con su hermana, él en su machismo no le dejó sacar sus cosas, ni siquiera su ropa, pero luego buscó un cuarto donde vivir y su hijo la apoyó.

Después de tantos años de amargura ella logró entender que Mateo es un psicópata, no tenía empatía y era incapaz de sentir ningún tipo de remordimiento cuando hace daño, creó que era amor, se vio inmersa en esa burbuja que lleva tan alto que no deja ver la realidad, la hizo creer que era la única persona que lo podía salvar y que la necesitaba.

A través de la terapia psicológica familiar acepto que Mateo siempre estuvo mal.

La esencia se puede recuperar poniendo mucha fuerza de voluntad, trabajar mucho en sí mismo, evidentemente Mateo nunca aceptó que él estaba mal, nunca entendió que había contaminado a toda su familia, esa fue la gota que derramó el vaso, ¿que hizo que esta madre y su hijo salieran a flote salieran de ese infierno? saber que todos podemos salir de esta situación, buscando la ayuda y la manera de proteger a nuestras familias y protegernos a nosotros mismos.

Todos llegan a tener la oportunidad de reinventarse, al final el hijo de Lía tuvo un aprendizaje para evitar que suceda lo mismo en su vida y que no copie el patrón su padre.

No podemos aceptar la violencia; recordemos que siempre hay una oportunidad para salir de esa situación hay leyes que nos protegen y lo primero es entender y comprender que no tenemos que aceptar la violencia en ningún modo y que hoy más que nunca puedes buscar ayuda y que te pueden apoyar psicológicamente, judicialmente y salir de un círculo de violencia.

No te rindas, No estás sola.

La Mentira

Ana es una niña sonriente y juguetona delgada y de vestiduras sencillas nace en un lugar humilde, no tenía juguetes, pero disfrutaba de la naturaleza y todo lo que llegaba a sus manos, en su imaginación todo podría ser parte de un juego, ella transformaba las cosas en algo hermoso, aún si fueran cosas sencillas.

Sus padres se casaron muy jóvenes y muy enamorados; Ana perdió a su mamá cuando tenía seis años, vivían en una pobreza extrema y aunque ambos padres trabajan, el dinero que llegaba a su casa no era suficiente y no alcanzaba para cubrir las necesidades de su familia, la mamá de Ana se enfermó y paso por un largo periodo en cama, debido a la gravedad de su condición y la falta de atención, medicamentos pereció, su papá con el fin de protegerla y evitarle más sufrimiento del que ya estaba viviendo, no la llevó al velorio realizado en la iglesia, tampoco al entierro.

Al cabo del tiempo Ana comenzó una nueva etapa en su vida, ahora solo con su papá y hermanos;

para todos fue un luto diferente y el dolor fue vivido en silencio porque la vida continúa a pesar de las perdidas, su papá se quedó sin el amor de su vida, su compañera y madre de sus hijos, a partir de ahora se enfrentará solo a sacar adelante a su familia.

Todos continuaron con su rutina sin embargo algo le dio un giro a la vida de esta familia, a los pocos días de la partida de su mamá, su hermana denunció a su propio padre por violación, se hizo la investigación correspondiente para comprobar si era cierto lo que había declarado de su padre.

Al concluir con las investigaciones se pudo comprobar que todo era mentira, y que la verdadera intención de su hermana adolescente era irse de su casa para no tener que hacerse responsable de sus hermanos ni apoyar a su familia, su plan de ser alejada de su padre fracasó.

Eso dejó una marca en el padre de Ana, sus antecedentes habían quedado manchados debido a la mentira de su hija, por lo que fue imposible para el tener un trabajo estable.

Cuando Ana tenía doce años un amigo de su padre cuidaba de ella y de su hermano, esta persona llegaba cuando su padre estaba fuera de casa trabajando, fue una solicitud de su padre para que ambos estuvieran acompañados durante el día. En una de esas tardes Ana fue acosada por ese hombre y otros más que se unieron al cuidado de ellos por las tardes.

Los hermanos nunca se dieron cuenta porque los amigos del papá eran astutos y lo hacían cuando se les presentaba la oportunidad; después de un tiempo Ana sintió la necesidad de confiar y refugiarse con su vecina Carmen a la que le contó lo que pasaba con los amigos de su papá.

Carmen le aconsejo que se visitara su casa cuando se aproximara la hora en que ellos llegaran para evitar más abusos, le propuso que emplearan ese tiempo para que Ana aprendiera a realizar manualidades, transcurrieron los años y Ana nunca le comentó nada a su padre, cada uno de sus hermanos estudió y cuando consideraron que podían valerse por sí mismos, vivieron solos, pero siempre apoyando a su papá.

Ana continuó sus estudios y obtuvo su título universitario; y aunque ya transcurrieron muchos años aun guardaba esos recuerdos de su niñez tan ofensivos; se preguntaba porque los padres de familia no protegen o se dan cuenta cuando un niño o niña tiene cambios de comportamientos, como el miedo y el rechazo a los adultos cuando se acercan, algo ocurre en su mente, un mal recuerdo, los padres no suelen ver las señales de auxilio, estas se pueden identificar cuando un niño no quiere besar, abrazar o estar a solas con un adulto, esas son señales de ayuda, vislumbran los abusos que están viviendo.

Es importante que papá o mamá aclaren a sus hijos lo que es permitido y lo que no en un juego para que no sean presas de adultos enfermos cuya única motivación es satisfacer sus pasiones bajas, sin tomar en cuenta el daño que están dejando para toda la vida en esos niños, más aún si estos no cuentan lo que les han hecho.

Muchas personas bloquean esos recuerdos, Ana reconocía la importancia de hablar de lo que sucedió; y esperaba que cuando tuviera la oportunidad de hablar con su padre del tema la escuchara y entendiera el dolor de la niña que vivió ese trauma, que llorara, la abrazara y se conectará con la niña que era, cuando tuvo la oportunidad de contarle a su papá lo sucedido, Ana lo hizo ya siendo adulta, no sintió nada de eso en su padre, algo que ella hubiera querido, su padre simplemente le dijo que lo sentía y le pidió perdón por haberla dejado con personas que le hicieron daño, pero no hubo ese acercamiento que sanara su dolor.

Ana continuó su vida lejos de su familia y se enamoró de un hombre educado, económicamente estable, muy romántico y la hacía sentir especial, ese hombre que toda mujer sueña; esa relación la hizo feliz por mucho tiempo, reían, paseaban por los parques y tenían citas románticas, estaba muy enamorada se estrego a Raúl, todo era mágico, quedó embarazada.

Ana no reacciono como todas las mujeres cuando se enteran que existe un fruto de ese amor y pasión, al contrario la noticia la lleno de angustia y no compartió esa hermosa noticia con Raúl, en total silencio tomó la decisión de no continuar con el embarazo y decide investigar de un lugar seguro para ella, sin pensar el daño que se hacia ella misma y se realiza un aborto, esa mala decisión la dejo con tristeza y depresión, la relación que inicio con mucha ilusión y que los hacia muy felices a los dos cambio cuando Raúl se enteró la razón del cambio de Ana y la decisión que había tomado sin tomar en cuenta los sentimientos de Raúl, el si hubiera aceptado ser padre por primera vez, esa llama de amor que los unía más cada día se fue apagando y se desataron otro tipo de sentimientos entre ellos, la ira, gritos, reproches y violencia acabo con la relación hasta llegar a una ruptura definitiva y cada quien siguió con su vida.

Los años pasaron y tres años más tarde Ana se volvió a enamorar de un hombre que era unos años mayor, José llenaba sus expectativas, era cariñoso, comprensivo y se enamoró de él; pero no como la primera vez, esta vez ya había madurado, compartieron su tiempo y viajaron juntos, muy enamorados tuvieron reuniones sociales con amistades en común y todos viajaban en grupo, en uno de esos viajes Ana quedó embarazada nuevamente.

Esa noticia mueve muchos sentimientos en el interior de Ana, no esperaba la llegada de un nuevo ser en su vientre, porque a pesar de sentirse enamorada en ese momento, no estaba en sus planes formar una familia con José, Ana inquieta por la noticia llama a su hermana y le comparte lo que está pasando haciéndole saber que no está segura de querer tener al bebe, su hermana quien llevaba una vida desordenada le dice que si no está segura de asumir esa responsabilidad que tome la decisión de realizarse un aborto, a lo que Ana accede, en el fondo era lo que necesitaba escuchar, a alguien que aprobara lo que ya daba vueltas en su cabeza, el acabar con una vida que no pidió venir al mundo y ahora sin ningún remordimiento, era despreciado y rechazado por su madre, sin ningún remordimiento, rompe la relación con José sin ninguna explicación.

Cuando se viven muchos momentos difíciles y situaciones que no son compartidas con personas que pueden ayudar a sanar y dejar atrás todo ese dolor que en la niñez se experimentó solo quedan dos opciones:

Se busca ayuda para salir adelante y hacer de la vida algo mejor, o se acomoda a la vida que únicamente traerá un vacío, ausencia de amor propio, y se sigue con la vida que solo provoca infelicidad y que la hace tomar decisiones que afectan a personas que lo único que buscan en ella es ser y hacerla feliz.

Ana se queda sola, busca ayuda y actualmente está siendo tratada, por psicólogos.

En tus manos está ser feliz o infeliz.

Mujer de Fe

Los padres de Isabella se casaron, cuando eran muy jóvenes, enamorados se fueron a vivir a la ciudad y a los meses de convivencia de ese amor nació Isabella, una niña prematura con complicaciones de salud, su madre la acompaño todos los días y noches que tuvo que quedarse en el hospital, veló por sus cuidados y medicamentos para que se recuperara y sintiera el calor de su madre cerca.

Varios años después Isabella estuvo acompañada de dos hermanos más, su salud mejoró conforme su crecimiento y convivencia con sus hermanos, sus defensas crecieron y se enfermó cada vez menos.

Sus padres tenían una pequeña empresa y sus hijos cuando crecieron apoyaban a sus padres después de salir de estudiar, ellos lo miraban como un juego, pero solamente lo hacían cuando se quedaban solos sus padres, cuando los trabajadores estaban de vacaciones o se retiraban de la empresa en busca de un mejor salario, los niños guardaban en sus corazones todos esos momentos de alegría y lo que compartían en esas pequeñas jornadas de trabajo.

Isabella pasó por momentos muy difíciles en su niñez, cuando sus padres tenían la empresa contrataron a un hombre mayor y vivía en la casa, sus padres le dieron una habitación para que no tuviera que viajar diariamente del trabajo a su casa, así descansaba y rendía en sus actividades.

Cuando Isabella tenía doce años ese hombre comenzó a mirar a Isabella con malicia, estando en casa evitaba ir a la parte trasera donde se encontraba la fábrica, los padres salían ocasionalmente y ella se quedaba con sus hermanos, estos momentos eran aprovechados por el trabajador ya que buscaba entablar conversación con Isabella y le decía que ella era una niña muy bonita y que su cuerpo estaba cambiando, cosas que hacían que Isabella se sonrojara, él intentaba tener algún acercamiento y el miedo invadía a Isabella, no se lo contó a sus padres porque este trabajador la amenazó con el argumento que si ella decía algo lo negaría y que Isabella quedaría como una mentirosa.

En esos días Rodrigo el hermano menor de Isabella empezó a sentirse mal de salud, tenía mucha fatiga, un día llamaron del colegio donde estudiaba Rodrigo y mandaron a llamar sus padres porque él se había desmayado, al recuperar el conocimiento le costaba caminar, sus extremidades inferiores no le respondían, sus padres preocupados lo llevaron al médico y se sometió a una serie de exámenes hasta que llegó un diagnóstico que nadie se esperaba, Rodrigo era diagnosticado con cáncer en la sangre conocido como Leucemia.

Para toda la familia fue una triste noticia, Rodrigo dejó de estudiar y se enfrentó a las quimioterapias, La mama de Isabella volvió a cuidarle, atenderle y enforcarse en la salud de Rodrigo a tiempo completo.

Su papá tenía que dividir su tiempo porque el tratamiento es costoso y no podía descuidar la fábrica y tampoco a los otros dos niños que también requerían de su atención; naturalmente se vivió todo un proceso amargo, pero al final del tratamiento llegó una buena noticia para Rodrigo, el cáncer había desaparecido en su cuerpo. Los padres estaban muy agradecidos con Dios porque desde el inicio le suplicaban un milagro y este fue concebido.

La hermana de Isabella era una niña juguetona pero educada, estudiosa y siempre con buenas calificaciones, ella era la más cercana a su padre, todos continuaron sus estudios, Isabella se fue a un colegio más lejano y le tocaba caminar de ida y de regreso, se unía con otras compañeras que vivían cerca de su casa para no estar sola en las calles pero otras veces le tocaba regresar sola, el hombre que de niña la molestaba al parecer vivía cerca del camino que tomaba de regreso, repentinamente aparecía y la seguía, le decía cosas que a ella le perturbaban, ella solo apresuraba el paso, esto afectó su estabilidad emocional y siempre tenía miedo cuando escuchaba los pasos de alguien que se acercara o caminara detrás de ella, gracias a Dios nunca pasó a más, cuando inició los estudios de la carrera dejo de frecuentar los mismos lugares por lo que ya no lo encontró de nuevo.

La última vez que Isabella vio a ese hombre fue cuando iba sentada en el bus que la llevaba a su lugar de trabajo, cuando ella lo vio quedó paralizada; porque estaba llegando a la parada donde tenía que bajarse, el miedo invadió todo su ser, tan solo de pensar que ya la había localizado se preguntaba cómo habría podido encontrarla, toco el timbre y cuando intento pararse sus piernas no respondieron, bajó temblando por la puerta trasera y esperaba que él se bajara, pero no lo hizo porque él nunca la vio, así terminó ese capítulo de su vida y llegó la tranquilidad y paz a Isabella.

Ella tenía veintidós años cuando le contó a su madre lo que había vivido durante muchos años, su madre lloró y en un abrazo le dio todo su amor, sufrió por no haberse enterado en su momento y haberla protegido de ese hombre.

Isabella perdió a su padre cuando él tenía cuarenta y cinco años, el padre regresaba de un viaje con la abuela y tíos paternos de Isabella, perdió la vida en un accidente, Isabella aún recuerda la última palabra que le dijo cuándo llamó a la casa, el no pudo comunicarse con su esposa porque ella no se encontraba en ese momento, el último mensaje fue "ya voy para la casa, allí los veo, los amo".

Cuando llamarón de nuevo al teléfono y lo contestó la madre de Isabella; informaron que su esposo había fallecido, fueron momentos de mucho dolor porque nadie se pudo despedir de él.

Todos continuaron su vida, la hermana de Isabella estaba comprometida y a pesar del dolor por la pérdida de su padre, se casó con un buen hombre, de esa unión nacieron dos niños que hoy en día ya son profesionales.

Llegó el amor a Isabella, ella conoce a un joven guapo con el pelo rizado, ojos color miel y una mirada llena de alegría, sonrisa que destacaba su dentadura blanca; Néstor llamaba la atención de muchas chicas, pero él puso sus ojos en Isabella y decidió conquistarla, era muy detallista y dedicaba la mayor parte de su tiempo libre a pasarlo con ella, todas las noches la llevaba a casa y fue conquistando su corazón, cuando no estaban juntos Isabella recordaba todos los momentos y recuerdos de lo que vivían cuando estaban juntos, se enamoraba cada segundo más de Néstor, la relación de noviazgo duró dos años, su madre aceptó recibirlo en su casa y llegó el momento del compromiso.

Varios meses después se unieron y vivieron por mucho tiempo felices; llegó a sus vidas el primer hijo, un niño deseado y quien cambió la vida de Isabella para siempre, la experiencia de ser madre por primera vez le dio un giro a su vida, el don de la maternidad fue un regalo de Dios para ella.

Isabella reconocía que lamentablemente no todas las mujeres pueden experimentar esa felicidad en sus vidas, todo en la relación de pareja cambia porque hay que compartir tareas y cuidado del nuevo integrante en la familia.

Transcurrieron los años y Dios le da un segundo regalo; una niña hermosa, pequeñita y frágil, pero la tristeza llegó a la vida de Isabella y Néstor; al cumplir ocho días murió la pequeña Dulce María, había nacido por cesárea y fue un dolor que deprimió a Isabella por un buen tiempo, se sentía culpable de su partida; fue cuando las dos dormían, no entendía si era muerte natural o si Isabella la había asfixiado.

El informe del médico decía que era muerte natural; la razón no lo aceptaba, fue muy triste también para Néstor quien se refugió en la bebida y empezó a juntarse con un grupo de amigos que lo invitaban según ellos para aliviar su dolor.

El hijo mayor tenía cuatro años, la mamá y hermanos de Isabella la apoyaron en el cuidado del pequeño Cristian y también de Isabella quien se encontraba en reposo por la cesaría y por los puntos que se habían abierto por la impresión al saber que la bebe no respiraba.

Por otro lado, Néstor continuó reuniéndose con personas que consumían alcohol; y de nuevo Isabella vivió momentos de dolor y desesperación al enterarse que su esposo había tenido un accidente fatal el amigo con el que iba perdió el control del vehículo, el accidente fue tan fuerte que ambos perdieron la vida.

Isabella y Cristian se quedaron solos, la mamá de Isabella cuidaba a su hijo mientras ella se va a trabajar, pasaron varios años y llegó el momento que Cristian iniciara sus estudios.

La mamá de Isabella enfermó y después de hacerle varios exámenes el médico le dijo a Isabella que su madre tiene cáncer, el mismo tipo de cáncer que su hermano Rodrigo leucemia, cuando la mamá escucha el diagnóstico, le dice al médico que ella no quiere someterse a ningún tratamiento de quimioterapia como su hijo Rodrigo.

El médico le dice que en sus manos estaba la decisión y la respetaba, también le dice que siendo así, solo le quedaban unos meses de vida, los tres hermanos preocupados por la enfermedad de su madre se unen y le compran medicamentos paliativos que eran únicamente para darle calidad de vida, la noticia deprimió a la mamá de Isabella y como el cáncer estaba en la fase final cuando se lo diagnosticaron, duró un mes con esos medicamentos y falleció, los hermanos quedaron muy tristes y más unidos porque habían perdido a sus padres.

Continuo la vida para todos, Isabella cambio de trabajo y llegó a su vida otra persona, quien conquistó de nuevo su corazón, un hombre mayor que ella, quien llenó ese vacío que había en

Isabella, por la pérdida de ambos padres, de su pequeña hija y la de su pareja, quienes habían dejado vacía y seca su vida.

El único refugio y consuelo era su hijo Cristian, quien la motiva cada mañana, Carlos trató de ganar la confianza del hijo de Isabella, pero él siempre recordaba a su papá y el hecho de tener que compartir el tiempo y espacio con otra persona no lo hacía feliz, al pasar el tiempo formalizaron la relación, y de nuevo llegó otra bendición a su vida, llegó a la familia un nuevo integrante, Héctor, quien vino a completar la felicidad y el vacío que por mucho tiempo vivió Isabella, ahora con dos niños, las tareas de la casa se incrementaron por lo que contrataron a una persona quien se hacía cargo de la casa y cuidado de los niños mientras ambos trabajaban.

Los años pasaron y cada uno de los integrantes de la familia fueron cumpliendo sus sueño, cuando Cristian ya se había graduado, Isabella decidió retomar los estudios, Carlos siempre le decía que aún podía y era capaz de terminar la universidad; por mucho tiempo lo dudo, pero un día se levantó con la convicción de que sí podía hacer realidad ese sueño; de culminar la carrera universitaria asistiendo dos veces a la semana en horario nocturno, y como no le afectaba en el horario laboral, se lanzó al agua como pez, tenía miedo pero lo logró, todo fue posible gracias a su familia que la apoyó, eso le ayudó a ser constante y perseverante y llegó a su meta.

Cuando se graduó Isabella tenía en mente un nuevo proyecto de vida era hacer realidad la tesis, abrir un colegio para niños con atención personalizada; con clases de quince alumnos para brindar ese tipo de enseñanza, estaba ilusionada, la graduación había sido en noviembre y se aproximaban la época de vacaciones y como cada fin de año viajaba con su familia, planearon pasar los últimos días de diciembre en familia.

Estando de vacaciones Isabella se empezó a sentir un malestar de estómago y ya no disfruto los últimos dos días como al principio, al regresar de vacaciones fue al seguro médico; le empezaron a realizar una serie de exámenes, le informaron que tenía que someterse a cirugía porque la vesícula tenía que ser extraída.

Al enterarse su familia le dijo que buscara otra opinión y así lo hizo, le realizaron los exámenes inmediatamente, el último examen de rayos X reflejaba la necesidad de una cirugía, el resultado no salió bien.

Un día cuando estaba laborando la citaron con urgencia para la entrega de resultados, Isabella fue sola a la cita y mientras conducía se imaginaba lo que podrían decirle, ella no le comento nada a su familia porque no quería perder tiempo.

Isabella no consideraba lo importante que era estar acompañada al recibir ese tipo de resultados, sobre todo cuando son diagnósticos de enfermedades crónicas, la doctora le dio la noticia a Isabella de forma directa, su corazón no estaba bien y no tenía cura, para ella fue como recibir un balde de agua fría en todo su cuerpo, recuerda que llegó al auto y lloró porque creía que tenía sus días contados.

Isabella vivió por un tiempo con esa idea, transcurrían los meses y en el último examen que le hicieron en el seguro, el resultado no fue el esperado porque, se trataba del mismo diagnóstico, detectaron que el corazón estaba fallando; y así no se comprometían a realizar ninguna cirugía ya que podía morir en medio del proceso debido a la anestesia; mientras tanto las molestias para respirar, caminar y hacer todo tipo de actividad estaban presentes siempre, pero continuó laborando.

Un día se puso mal en el trabajo y Dios puso en su vida ángeles, así le llamó ella a los dueños de la empresa donde laboraba, quienes al ver cómo se iban apagando las fuerzas de Isabella, tomaron la decisión de enviarla a un hospital privado para que le realizaran la cirugía.

Isabella ingresó al hospital y al hacerle una serie de exámenes, se dieron cuenta que la sangre la tenía muy espesa, la enviaron a casa bajo medicamentos, los médicos aconsejaron que llevara un tratamiento de cinco días, antes de la cirugía porque de lo contrario podía no salir viva de la operación.

En esos días de tratamiento en casa Isabella tuvo tiempo de arreglar una serie de pendientes personales y legales; y al mismo tiempo despedirse de su familia y amistades, entregó su vida a Dios y le dijo "Señor que se haga tu voluntad y no la mía".

Llegó el día de regresar al hospital privado, aún recuerda la noche antes de la cirugía, estando su hermano presente llegó la anestesista y dijo a Isabella que la operarían al día siguiente, le recordó el riesgo que corría y que podría no salir de la operación; Isabella respondió con calma un "Si", su hermano se sorprendió de la forma en que le hablo la doctora.

En el interior de Isabella había algo que le decía que no iba a morir, en ese momento se sentía muy fortalecida y a pesar de los dolores, sentía que no era el momento de su partida; recuerda que le llamó una amiga y lloraba pensando que sería la última vez que le escucharía.

Carlos, su pareja, Cristian y Héctor, sus hijos y demás familia estaban tristes, pero demostraron fortaleza ante ella, muchas personas oraban por Isabella, Dios escuchó sus oraciones y le dio la oportunidad de continuar viviendo. Volvió a ver a aquella amiga que pensó que sería la última vez, sin embargo, su amiga falleció unos años después.

Isabella reconoció que una enfermedad o el diagnóstico de un médico no es la última palabra, siempre hay alguien más poderoso que tiene el control desde el primer día de la existencia hasta el último.

Esa fue la razón por la que el sueño de fundar un colegio no se hizo realidad, siguió bajo tratamiento para su Cardiopatía Dilatada; pasó varias veces ingresada por el malestar del corazón; y tuvo que pedir descansos en el trabajo para reponerse, un día el cardiólogo después de haberle realizado exámenes de rutina le dice que el corazón había regresado a su estado normal, ya no presentó anormalidad, éste había regresado a su tamaño natural ya que antes había crecido, tampoco continuaría con el medicamento, aunque continuaron los exámenes del corazón para controlarlo.

En el tiempo que la pandemia afectó al mundo entero a mediados del año dos mil veintidós,

Isabella dio positivo, fue menos severa la enfermedad, pero meses después le detectaron arritmia. Se sometió a exámenes de nuevo para ver su corazón, ahora diagnosticaron coágulos en las arterias y tenían que realizar cirugía de corazón abierto además del Marcapasos por la arritmia; por lo que el cardiólogo dijo que era una complicación más.

Isabella inicio con el tratamiento para deshacer el coágulo y así evitar la cirugía de corazón abierto, Isabella firme en su fe continúo orando, pidiéndole a Dios un nuevo corazón; cuando se acercaba el momento de la cirugía los exámenes preoperatorios salieron bien, el médico estaba sorprendido, para Isabella era un milagro, nada malo salió en los resultados, se cancelaron las dos cirugías.

Isabella decía quien tiene fe y pide, Dios concede los deseos más profundos del corazón.

La familia continuo su vida y todo llegó a la normalidad, Isabella se veía con sus hermanos en reuniones familiares o celebraciones, donde todos compartían y se ponían al día de lo que pasaba en sus vidas; pasaron cinco años, Isabella recibe la llamada de su hermana Maite quien le pide que se reúnan para tomar un café en esa reunión se entera Isabella que su hermano Rodrigo no ha estado bien de salud; empezó con un gran dolor de cabeza y fue diagnosticado con cáncer en el cerebro, lloraron, se abrazaron y decidieron apoyar a su hermano hasta el final.

Isabella y Maite se reunieron con el doctor que le dio el diagnóstico y les hizo saber que cuando una persona había tenido cáncer y recibió quimioterapias o radioterapias, una de las consecuencias a corto, mediano o largo plazo afectan el cerebro, Rodrigo ya llevaba ocho años con el cáncer y empezaron sus molestias unos meses antes de su muerte.

Isabella recapacitó en lo importante de informarse de las secuelas de una enfermedad como el cáncer, compartió que Rodrigo fue como un árbol siempre de pie; aceptó y vivió felizmente cada día después del diagnóstico, sin decir "¿porque a mí?", o "me duele mucho", o ya no quiero seguir sufriendo;

vivió tres meses después de recibir la noticia de que tenía cáncer.

A Isabella y a Maite les dejo una enseñanza de fe, aceptación y fortaleza que vieron, lo cuidaron hasta el último día le dieron calidad de vida, toda la familia apoyó moral y económicamente, no dejaron solos a los tres hermanos.

La partida de Rodrigo dejó a la familia muy triste, pero agradecida, primero con Dios porque Rodrigo no sufrió como lo habían pronosticado los médicos, también con todas las personas que los acompañaron y apoyaron tanto económicamente como moralmente hasta el último momento.

Isabella continúa su vida, persiguiendo sus sueños, compartiendo con la familia, hijos nuera y hermosa princesita, su nieta, una niña feliz, sonriente juguetona muy inteligente y carismática, le encanta compartir con quienes se rodea de lo que vive día, a día, con su papás y compañeritos del colegio, y le gustan mucho los animalitos a los que cuida y protege.

Isabella continúa trabajando y disfruta de las pequeñas cosas que le da la vida y que son suficientes para ser feliz.

Isabella cree firmemente que la felicidad llega al ser humano cuando Dios ocupa el primer lugar en la vida, la fe, la esperanza y el amor transforman la vida de todos y de allí nace el deseo de compartir con los demás y hacer felices a los demás.

Reto de Emma

Emma una niña introvertida, tímida, y callada, crece en una familia integrada por sus padres que se aman y se esfuerzan para darles lo mejor a sus hijos, pero la pequeña Emma vive con muchos miedos, desde muy pequeña cuando inició sus estudios se le hizo muy difícil adaptarse a estar rodeada de más niños.

Por esta razón no era aceptada por sus compañeritos y aunque los maestros trataban de integrarla al grupo ella no se adapta, sufrió como muchos niños de Bull ying, constantemente la cambiaban de colegios para que ella se sintiera bien; a eso le agregamos que se le dificulta el aprendizaje.

Su padre era muy sobreprotector y estaba pendiente de su pequeña Emma y siempre estaba presente para solucionar los problemas y dificultades de su enseñanza; cuando se enfermaba la consentía y procuraba que su vida fuera menos difícil ante las dificultades que se le presentaban a su pequeña Emma.

La mamá de Emma era una mujer más dura, le exigía más, especialmente en los estudios, por la misma dificultad no era buena estudiante y no sabía qué es lo que pasaba con ella.

Emma fue creciendo y viviendo cada etapa de su niñez y juventud con la misma dificultad, todo lo que le enseñaban no lo podía retener, como algunos de sus demás compañeros tuvo que repetir varios años, pero su padre siempre la animaba a continuar y si era difícil para ella alguna materia, la repetía.

Lo importante para el padre de Emma era que ella no perdiera el interés de estudiar, eso la llevó hasta la universidad y aunque perdía asignaturas seguía estudiando hasta que obtuvo el título.

Su padre le confiesa a Emma que desde niña fue diagnosticada con trastorno de déficit de atención, por muchos fue señalada pero el constante apoyo, presencia y motivación de su padre hizo que Emma llegara a cumplir sus sueños, aun en medio de los comentarios de muchas personas que creían Emma no iba a ser nadie en la vida.

Emma reconoció la importancia de la compañía de los padres para que desde pequeños en cada caída sean ellos los primeros en tenderles la mano para que no se frustren y abandonen sus sueños.

Emma al saber la razón por la cual su vida fue así, vivió sin miedo y se dio la oportunidad de conocer y compartir con personas que la rodean sintiendo libertad de expresarse y sin temor a equivocarse y por primera vez abrió su corazón.

Emma se enamoró de un hombre guapo de ojos grandes, cejas atractivas y una sonrisa encantadora y pícara vivió su enamoramiento con intensidad y mucha ternura, sus besos la llevan al cielo y cuando él le propuso matrimonio; Emma ilusionada le da el sí.

Su padre estaba muy feliz al ver a su pequeña Emma ahora convertida en una hermosa mujer que felizmente estaba preparando su vestido de novia y todo lo que conlleva la celebración de la unión de dos personas que unirán sus vidas para siempre.

Llega el día tan esperado no solo para los novios, sino que, para ambas familias y amigos, Emma al casarse en su interior pensaba que su esposo ocuparía el lugar de su padre y la haría feliz como su padre lo había hecho por muchos años; apoyándola y resolviendo todo, cosa que no sucedió, sí hubo amor y fruto, de ello nacieron sus hijos.

Emma se entregó a sus hijos y les dio su amor y atención como lo había recibido de su padre se esmeró en hacerles sentir amados y descuido a su pareja; ambos se enfocaron en sus cosas y la rutina los envolvió en una monotonía que después de diez años se divorciaron.

Emma intentó rehacer su vida, pero no logro encontrar o sentirse amada como ella quería; siempre presente y en busca de un amor como el que su padre le había dado, incondicional y sintiéndose aceptada a pesar de sus limitaciones, se sentía incompleta, pero no llegó a su vida alguien así, se relacionó con personas que también buscaban algo diferente en sus vidas y que lo único que querían de ella era compartir su vida sin ningún compromiso formal, la expectativa es la razón número uno del sufrimiento.

Emma acompañó a sus hijos como lo hizo su padre y los apoyó en sus estudios dejándolos elegir la carrera que les apasionaba, se graduaron y se dedicaron a ser libres y capaces de enfrentar cualquier dificultad como les enseñó su mamá.

Emma busco ayuda para liberar su corazón de tanto dolor y soledad por la falta de una pareja, que la acompañara en el camino de la vida, con constancia y deseo de sanar logró recuperar su estima y llegó la paz a su corazón y encontró sentido a su vida, ahora es una mujer feliz haciendo lo que le gusta y compartiendo su experiencia de vida con personas que, así como ella les fue difícil adaptarse al estudio, y lento aprendizaje.

47

CASA-2, NO 3

Madeleine una niña de ojos azules como el cielo, la niña más pequeña de tres hermanos, vivió muy feliz, en su infancia, disfrutaba jugar con los niños del vecindario, vivió en un hogar estable, sus padres estaban muy enamorados al principio, la mamá cuidaba de sus hijos cuando regresaba del trabajo de medio tiempo, y cuando llegaron a la juventud la relación de sus padres se volvió tóxica.

Madeleine era muy inteligente y tenía buenas calificaciones, dándole satisfacción a sus padres, a pesar de que ellos seguían juntos, pero con muchos problemas, Madeleine tenía una buena relación con sus hermanos quienes la cuidaban y protegían, continuó sus estudios y fue el orgullo de sus padres y se graduó con honores.

Madeleine después de graduarse se dedicó a trabajar y disfrutaba lo que hacía, pasaron cuatro años y conoció a varios jóvenes, pero ninguno llamó su atención.

La empresa donde trabajaba Madeleine contrato personal y allí fue donde, conoció a Pierre, sus ojos eran de color oscuro, muy varonil, con presencia y buen trabajador, la relación laboral los mantenía en constante comunicación, y luego se convirtió en una amistad que les permitió conocer sus gustos, y compartían amigos en común.

Pasaron los días y los meses, Madeleine y Pierre, se enamoraron; ella se sentía a gusto y se veía a futuro formando un hogar con Pierre, él estudiaba y trabajaba por lo que iba más lento, por el momento él quería conocer bien a Madeleine y compartir más tiempo con ella, antes de dar el siguiente paso.

Madeleine soñaba y quería compartir su vida con Pierre hasta que la muerte los separara; tenía presente la relación tóxica de sus padres con conflictos y malos tratos, ella no quería que se repitiera la misma historia en su vida; su padre trabajaba y su madre administraba la casa y cuidaba a sus hijos.

Pierre dos años más tarde le propuso matrimonio a Madeleine y ella muy enamorada le da el sí, ella le compartió su deseo de hacer una boda pequeña donde solo los más allegados lleguen a compartir con ellos esos momentos tan especiales que luego se convertirán en recuerdos inolvidables, se casaron y continuaron laborando, Pierre accedió y le permite trabajar.

Durante el noviazgo Madeleine noto que la relación que tenía Pierre con sus padres era buena, siempre pendiente de ellos, ya estando casada se dio cuenta que su mamá era quien administraba el dinero de Pierre, el continuó dándole razón y detalle de los gastos que el realizaba incluyendo los de sus ahora esposa Madeleine.

No era un hombre libre de su economía al principio las constantes llamadas de la suegra a su hijo eran normales para Madeleine, pero cuando fue pasando el tiempo cayó en cuenta que era una codependencia hijo y madre.

Poco a poco la suegra se fue metiendo en asuntos del hogar y también llevaba el control de los gastos de su casa, ella no recibía dinero de Pierre sino su suegra y él llevaba el control de pagos y compras de la casa, y como ella trabajaba y no hacía falta nada en la casa, todo era normal.
Madeleine renunció al trabajo, cuando se mudaron, porque Pierre viajaba constantemente por estudio o trabajo, vivieron unos meses solos y cuando él tenía que partir y continuar sus estudios la dejaría con sus papas.

Para Madeleine fue un cambio total, Pierre continuaba sus estudios y siempre le daba el dinero a su mamá, para que ella lo administra. Pierre por un buen tiempo no la dejó trabajar ni tener contacto con sus amistades.

Madeleine le decía a Pierre que no se sentía cómoda en casa sin trabajar, que quería trabajar, eventualmente le dio la oportunidad de hacerlo, pero en ese periodo Madeleine quedó embarazada.

Pierre toma la decisión de quedarse con el pago que le corresponde a Madeleine, diciéndole que, cómo está embarazada ese dinero se guardaría y lo utilizarían para el pago cuando llegara el momento del parto.

Cuando nació la bebé su suegra toma el control de las compras de la pequeña Claude, Madeleine se molestó y para evitar conflictos no dijo nada.

Pierre se fue de nuevo y ella se quedó sola por unos meses en la casa de sus suegros, la situación fue incómoda porque no podía salir de su casa, se sentía prisionera; Pierre tenía el control de sus redes sociales, quería tener el control de todo.

Cuando Madeleine le decía a Pierre lo que estaba viviendo con sus suegros, él le decía que necesitaba tener paz en su trabajo sabiendo que ella y su hija estaban protegidas, que no les hacía faltaba nada en la casa de sus padres, que se controlara y que se llevara bien con ellos.

Si Madeleine salía cuando Pierre estaba en casa la controlaba porque no quería que viera a nadie, si lo hacía le reprochaba de estar coqueteando con los hombres del entorno, el ambiente se volvía temeroso para ella, hasta el punto de que llegó a sentir miedo de ver a Pierre, que se formaba ideas en la cabeza, se convirtió en un hombre celoso.

La pequeña Claude cumplió dos años, y vivieron en la casa de sus suegros cinco años, Madeleine llegó allí pensando que solo era por unos meses, pero pasaron años. La relación con sus suegros se volvió tensa y ella les respondía defendiéndose de los malos entendidos.

Pierre seguía estudiando y de escuchar tantas quejas, a la distancia, decide enviar por ellas, y vivieron un tiempo en paz, pero los suegros decidieron viajar y visitarlos, continuaron haciéndole la vida a imposible a Madeleine, evidentemente no la querían.

Ella empezó a defenderse y eso no le gusto a Pierre, comenzó el maltrato físico, y es cuando Madeleine vio la realidad de las cosas, entendió que él no cambiaría y sus suegros siempre estarían en medio de su matrimonio, no quería que la pequeña Claude creciera en ese ambiente por lo que tomó la decisión de abandonarlo y solo esperaba que Pierre saliera de viaje.

Los padres de Madeleine le aconsejaron que se quedará y continuará con la relación con su esposo y que no terminará con su matrimonio, ellos nunca se enteraron de lo que vivió en esos años de matrimonio.

Pierre pensando que todo había vuelto a la normalidad salió de viaje, y es en ese momento que decidió abandonarlo, se llevó a su pequeña Claude, cuando se enteró Pierre regresó y trato de convencerla para que regresara, le ofreció que todo iba a cambiar, Madeleine lo amaba e intentaron ponerse de acuerdo para que la relación funcionara, pero fue inútil, lo único que sucedió con el regreso fue un mayor maltrato; luego él le quitó a su hija.

Madeleine busco apoyo legal y asesoría para recuperar a su preciada hija, vivió una serie de acontecimientos que la dejaron sin fuerzas, pero al final de todo ese proceso recupero a la pequeña Claude y logro divorciarse de Pierre.

Durante el proceso la aconsejaron comenzar terapia psicológica, le dan nombres de posibles psicólogos que la pueden apoyar a ella y a Claude para dejar en el pasado todo lo que vivieron por muchos años, al lado de un hombre que no pudo amar e independizarse de su familia, siempre estuvo atado al cordón umbilical de su madre.

Pierre continúa con sus padres, solo por no haber tenido el valor de independizarse por completo y dedicarse a su familia. ´

Un Amor Con Expectativas

Alessandra, una mujer enamorada llevaba dos años de relación su con su novio Fernando; tenían una relación como muchas, llenas de ilusión y deseos de formar una hermosa familia juntos, en una declaración de compromiso soñadora, Fernando le propuso matrimonio a Alessandra, ella con esos ojos que le brillaban de la emoción da el sí, como toda pareja se fueron de luna de miel, el tiempo para ambos se pasó tan rápido y regresaron ilusionados a organizar su casa para empezar su vida matrimonial, de ese matrimonio nacieron dos niños, todo iba bien cuando en un mes del año donde el frío se hacía sentir hasta los huesos, llegó una mala noticia para Alessandra, su amado Fernando le dijo que ya no la ama y que lo mejor es que termine la relación, ella no entendía el porqué de esa decisión de Fernando, ella después del primer embarazo dejó de trabajar y se dedicó a la atención de su casa y de sus hijos bajo mutuo acuerdo .

Alessandra no aceptaba tener que quedarse sola y la idea de un divorcio no pasaba por su mente, no solo por lo que se enfrentaría, sino que ella había tenido un modelo de familia en donde sus padres fueron un ejemplo a seguir, de amor y perseverancia hasta el final que duró hasta que uno de los dos murió.

Alessandra intentó salvar su matrimonio, el acepto pero no estaba muy convencido y fueron a terapias, ella se esforzó más que Fernando en querer salvar algo insalvable, Fernando estando en terapias se olvidaba hasta de las fechas importantes a celebrar como cumpleaños y aniversario, Alessandra continuaba enamorada y consideraba que las peleas que aún tenían eran normales, que eran parte del día y que poco a poco todo volvería a la normalidad; pero no fue así, él llegaba tarde a la casa después de salir del trabajo, su mal humor se hacía presente con mayor frecuencia, hasta que ella aceptó que la relación ya no tenía futuro, sentía mucho dolor no solo por ella sino por sus hijos; no sabía cómo enfrentarse a sus hijos y darles la noticia de la separación.

Alessandra queda devastada y no continuó con la ayuda psicología para sanar sus heridas, la necesidad la hizo buscar un trabajo a pesar de lo mal que se sentía y al ver que ella asumiría la responsabilidad total de sus hijos, Fernando le dejó claro que no recibiría ayuda económica para las necesidades básicas, renta colegios ni para la alimentación, ella se refugió de nuevo en casa de su madre, eso la alivió porque por lo menos el pago de la renta no lo cubriría ella, después de varios meses Fernando la llamó para decirle que extraña a sus hijos y que quiere compartir con ellos y decidió apoyarla económicamente para poder verlos, por un tiempo cumplió con la ayuda económica y luego dejó de hacerlo, pero él siempre veía a sus hijos, ella no tuvo corazón para alejar a sus hijos de su padre. Alessandra siempre les daba una sonrisa, era la máscara que le mostraba a sus hijos, no se dieron cuenta que sufría por dentro, el enojo y dolor que aún había en su corazón.

Alessandra se ubicó en una empresa en el área de ventas y le iba bien, con el tiempo se le presentó la oportunidad de viajar gracias a ser la mejor vendedora; por lo que recibió esas gratificaciones y también cursos para perfeccionarse en el área de ventas, en los viajes tuvo la oportunidad de generar lazos con los clientes; ver a profundidad las necesidades de la empresa lo cual ella aprovechó para incrementar sus ventas ofreciendo lo productos fuera del país.

En una de las reuniones que la empresa agendó, se presentó la oportunidad de conocer a uno de los gerentes de ventas de la empresa, un hombre muy sexy, atractivo y cinco años mayor que Alessandra, César, un hombre presentable muy educado con un aroma que atraía a las mujeres, además era muy elocuente, llamó la atención de Alessandra.

A César no le fue indiferente Alessandra, primero compartieron temas del trabajo y días más tarde iniciaron una relación más cercana de amistad, pasó el tiempo y la confianza fue creciendo; como se estaban conociendo tocaban temas de familiares y ella le compartió a César su experiencia y como había sido su vida en la relación que había mantenido con Fernando su esposo, detallo cada uno de los momentos amargos que vivió con él, César la escucho y consoló, también le hacía sentir que ella es una mujer que no se merecía que la hubieran tratado así.

Transcurrió el tiempo y César busco el momento ideal para dar el siguiente paso con Alessandra, el noviazgo, ella acepto deslumbrada por tanta atención recibida, no retomo las terapias que inició con la ruptura con Fernando, ese proceso de sanación no terminó y lo llevó a la nueva relación.

Alessandra estaba muy ilusionada porque sentía que las puertas de la felicidad se abrían de nuevo no solo para ella sino para sus hijos, se veía en un hogar estable y feliz.

Alessandra continuó trabajando y viajando, en uno de esos viajes César la sorprende dándole una sorpresa, atendiéndola desde la mañana hasta el anochecer, haciéndola sentir una reina como hace mucho tiempo nadie la hacía sentir.

La relación cada día se hacía más fuerte y segura, continuó con la relación por varios meses hasta que llegó el día de formalizar la relación, ella se pone feliz porque era lo que buscaba, estabilidad en todo, César le ofreció hacerse cargo de sus hijos también, se casaron y empezaron a vivir juntos.

Todo era color de rosa para Alessandra y sus hijos, las cosas cambiaron cuando César se enteró que Fernando ya no apoyaba a sus hijos económicamente, pero si quiere participar en las actividades culturales de sus hijos y seguir compartiendo con ellos cuando tenía citas programadas con sus hijos.
En ese momento empieza a cambiar el ambiente en la familia porque Alessandra no quiere privar a sus hijos de su padre; y es cuando el matrimonio empieza a tener problemas. Cesar se transformó en otro Fernando, actuando como lo hizo su primer esposo, esto dejó helada a Alessandra cuando le dijo que las cosas no funcionaban y que era mejor se acabara todo, ella abrió los ojos cuando escucho esas palabras y se derrumbó al sentir que se repite de nuevo la historia.

Alessandra se preguntaba qué está haciendo mal para que quiera tomar esa decisión, él ignoraba lo que ella le decía y empiezo a aplicar "la ley de hielo"; el silencio que genera distancia, mientras tanto ella lloraba porque no podía aceptar que otra vez tuviera que firmar un acta de divorcio.

Alessandra busco ayuda con los amigos en común para que le hicieran ver a su esposo que la relación podía continuar haciendo cambios y que la comunicación no se perdiera entre ellos, así fue como él empezó a cambiar su actitud hacia ella.
Continúo educando a sus hijastros; pero el veía un defecto en su crianza, le reclamaba a Alessandra por no educar bien a sus hijos, le decía que los consentía demasiado, él quería que fueran independientes y para evitar los problemas acepto que ella no cumplía bien con el rol de mamá y le dejó a César la responsabilidad para educar a sus hijos, no quería darle un motivo para que el dijera que todo había terminado.

Por otro lado, los hijos veían a escondidas a su papá, ella consideraba que era un derecho que los hijos y el padre tenían, los problemas se hicieron más fuertes, porque sentía que ella le estaba dando un lugar al padre de sus hijos que no se merecía, porque él no era responsable de ellos económicamente.

Ella; ya cansada de tanto luchar por su matrimonio, toma la decisión de retomar su trabajo porque César le dice que ya no le daría dinero y que ella tendrá que ver como paga la casa y gastos, volvió a repetirse la historia, pero en este punto ella reconoció que tomó todas las palabras que un día Fernando le dijo, César quiso que ella volviera a revivir su pasado.

Alessandra con el corazón hecho pedazos continuo firme y sus hijos eran la fuerza que la mantuvieron de pie, al transcurrir los meses se dio cuenta que puede mantener la casa sola, el carácter del esposo cada día más iracundo empezó a tratar mal a sus hijos, los regañaba y trataba mal por todo, esa fue la gota que derramó el vaso, y es cuando Alessandra tomó la decisión de terminar esa relación, cuando él vio el cambio de Alessandra reconoció que no es la mujer que él conoció y se fue de la casa.

Alessandra busco ayuda psicológica no solo para ella sino para sus hijos; y después de un largo tiempo recupero su estima, hoy se siente contenta porque regresó a la iglesia, retomó su vida y se acercó de nuevo a sus amistades.

Al finalizar este libro no me queda nada más que recordarles, que lo importante no es lo que se ha sido en el pasado, sino lo que pueden llegar a ser en un futuro.

Made in the USA
Middletown, DE
27 June 2024

56444178R00044